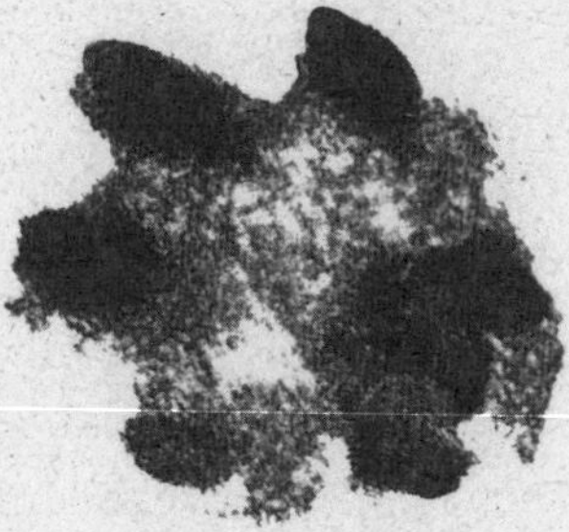

여름

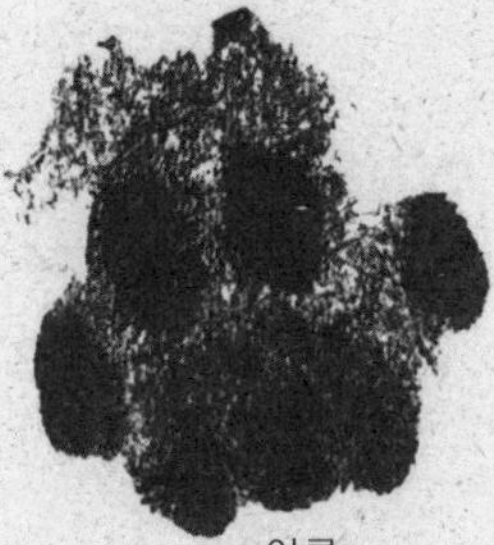

아름

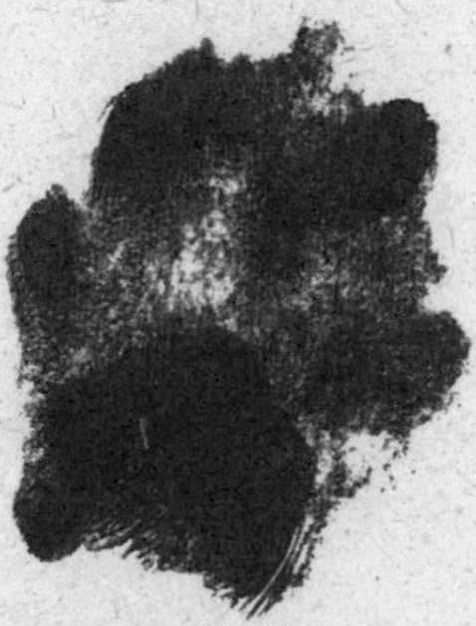

다름

*여름, 아름, 다름 고양이의 발도장입니다.

인간의 언어는 고귀하고
고양이는 기고만장하다

89 ㄹ]/ ㅇ .9999.....〈〈〈〈 ㄹ ㄹ   ㄹ   ㄹ

ㄹ 6 ㅛ ㄱ ㅗ ㅠ   ㅋ   ㅗ 5555ㄱ ㅋ   ㅋ …///

인간과 고양이의 합작품
콜라보 사진 에세이

ㄷ ㄷ ㄷ ㄷ ㄷ ㄷ ㄷ ㄷ ㄷ ㄷ ㄱ ㅔ [-
ㅗ ㅗ ㅗ ㅗ ㅗ ㅗ ㅎ ㅎ ㅎ ㅎ ㅎ ㅎ

※ 인간이 글을 쓰면, 고양이가 번역하고, 친절하게 발음 기호를 붙여준 책입니다. 글마다 제목을 붙이지 않아서, 목차가 따로 없습니다. 고양이가 직역하지 않고 의역하였기 때문에 같은 단어라도 다르게 표현된 것이 많습니다.

※ 발음 기호대로 고양이에게 읽어 주세요. 단, 발음과 분위기, 표정에 따라 고양이가 알아듣지 못할 수도 있습니다.

※ 이 책은 고양이 집사로 살아온 20주년을 기념하기 위해 만들었습니다.

인간의 역사는 고되하고 고양이는 기고만장하다

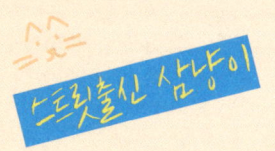
스트릿출신 삼냥이

여름

2020년 봄 출생 추정. 남자
6.7kg 거묘지만 세상 쫄보. 서열 꼴지
말 많은 수다쟁이. 불만투성이
집사 껌딱지. 같이 자는 거 좋아함

아름

2020년 여름 출생 추정. 여자
4.5kg 엘리트 애교쟁이. 순수 그 자체
사람과 친하지 않고 약해 보이지만
고양이 세계에선 서열 일등

다름

2022년 가을 출생 추정. 여자
유기묘지만 집사를 직접 간택해 찾아옴
2.5kg 기아 상태에서 발견, 현재는 4.3kg
뭐든 다 잘 먹고, 에너지 넘침

삼냥이를 소개합니다

 대수롭게 생각하지 않았던 고양이와의 묘연인데, 이렇게 오래 일상에 머물지 몰랐다. 하나가 둘이 되고, 둘이 하나가 되고, 또 둘이 되고, 셋이 되었다가 둘이 되고 다시 셋이 된 지금. 이미 별이 된 아이들 자리에 비집고 들어와 위로를 건네는 각기 다른 매력의 삼냥이는 내 일상에 가장 소중한 존재다.

여름이는 2020년 6월 초에 만났다. 운영하는 책방의 손님이 구조 고양이의 임시 보호를 부탁하면서 처음 묘연이 되었다. 비가 오던 날, 어느 가게에 문을 두드렸다는 여름이. 생후 6주령 엄마를 잃고 방황하다가 구조된 것인데, 갈 곳이 없어 건너 건너 나에게 닿았다. '뚜름', '구름'으로 이어지며 '름' 돌림으로 고양이 이름을 짓다가, 만약 다음에 고양이를 데려온다면 '여름'이라고 짓겠다고 미리 정해놨었기에, 고민 없이 이름을 '여름'이라고 불렀다.

아름이는 2020년 12월, 당시 합정에 있던(현재는 상수로 이사) gaga77page 책방에서 무전취식하던 길고양이였고, 중성화를 위해 구조했다. 임시 보호하다가 입양을 보내려고 했으나, 집에 있던 구름, 여름이와 합사가 너무 잘 되어서 그대로 함께 산다. 임시로 불렸던 '춘희'는 '아름'이가 되었다.

2023년 9월 초, 다름이는 집 앞 급식소에 어느 날 갑자기 나타났다. 털이 밀려 있었고, 기아 상태로 보였던 하얀 고양이. 불쌍하다고 생각했는데, 다음 날 집으로 들어오는 남편을 간택해 따라 들어와 얼떨결에 구조했다. 갑자기 뭐라고 불러야 할지 몰라 '름' 돌림으로 가나다순으로 불러보다 '다름'이가 되었다.

여름은 커다란 몸과 발을 가졌지만, 작은 소리에도 깜짝 놀랐다. 덩치는 제일 커도, 겁먹으면 이불 속으로 숨는다. 배가 고프지 않아도 밥그릇 앞에서 밥이 나오길 기다리고, 물을 손으로 찍어 먹으며, 모래가 들어 있다면 락앤락도 거뜬하게 열어 모래를 끄집어낸다. 하지만 매일 안아달라고 애정을 갈구한다.

아름은 작은 몸과 발을 가졌지만 야무진 성격을 지녔다. 때가 되면 밥을 먹고, 과식하지 않는다. 밥을 먹은 후 물을 마시고, 화장실에서 볼일을 본 후 캣휠을 탄다. 아무리 맛있는 간식이라도 딱 먹을 만큼만 먹고, 사람과는 밥과 놀이 외에는 가까이하지 않는다. 다만, 요즘은 유튜브를 틀어달라고 자꾸 조른다.

다름은 우아하게 꼬리를 흔들며 걷지만 이것저것 잡다한 걸 주워 먹는다. 사람이 깨어 있을 때 한 시간에 한 번씩 밥을 달라고 하고, 먹고 또 먹는다. 평소에는 혼자 있는 걸 좋아해서 안기거나 애교를 부리지 않지만, 캣휠을 탈 때는 사람이 꼭 같이 손으로 타 줘야 한다. 그런데 하루에도 몇 번씩 캣휠을 타자고 운다.

영혼의 단짝처럼 잘 지내는 여름, 아름이와 달리 다름이는 두 아이들과 친하지 않다.

고양이라고 다 같은 고양이가 아니에요

인간의 엄마는 고귀하고 고양이는 기고만장하다

우연히 산 인형에 김밥이라는 이름을 붙였다.
우연히 산 선인장에 장미라는 이름을 붙였다.
우연히 만난 고양이에게
여름, 아름, 다름이라고 이름을 붙였다.

5555555ㄱ ㅋ ㅋ ㅋ ㅋ ㅋ ㅋ ㅋ ㅋ

ㅋ ㅋ ㅋ ㅋ ㅋ ㅋ ㅋ ㅋ ㅏ 8...///

/////////////////// ʳʳʳ

ʳ¹⁵Ω§ᵘ⁷/⁷⁶deeeeer4e r4e 9

[냐이옹 냥 냐아옹 냐냐아애옹 니야옹 냥냥냥
냐이옹 냥 냐아아옹 냐오오옹 니야옹 냥냥냥
냐이옹 냐앙 냐옹앵냥냥
니야 아옹 니야아애옹 니아옹 냥냥냥]

언어로 만들 수 있는 수많은 이름을
고귀한 존재에 붙였다.
우연히 떠오른 감정들이 '이름'이 되어
소중한 존재로 변했다.

ㄱㅅㅅㅅㅅㅇㄹㄹㄷ
Aq98888 ㄷㄴㅁㅇㄱㅎㄴㄱㅁㄴ
ㄷㄹㅈㅁㄱㄷ뷴로 ㄹㅎㄹㅇㅎ
ㄴㄷㅂㅅㅈㅈ3444444444444

[니야아 애옹 냥 냥냥 냐오옹 냐애옹
냥나옹 니야옹 냥냥냥
양냥냥 니야옹 냐아아옹 냥나앙 나옹
니야옹 냐오옹 냥냥냥]

미안하고 고마워하며 좋은 곳만 걷자 아빠에게

인간의 언어는 고귀하고 고양이는 거기엔 짓하다

어떤 음식을 좋아하냐고 물으면
김밥이라고 말하는데,
인형을 김밥이라고 불러서일까.
언젠가부터 장미꽃이 좋아진 것은
선인장에게 매일 장미라고 불러서일까.
좋아하는 계절이 여름이 된 것도,
가끔 혼잣말로 아름답다고 말하는 것도,
다른 삶을 살고 싶은 것도 모두 그 이름들 때문일까.

-=₩10-432 ㄱ ㄷ ㄱ ㅁ ㅈ ㅈ ㅉ ㅅ ㅅ ㅂ
ㅠ ㅁ ㄹ ㄹ ㄴ ㄷ ㄷ ㄷ ㄱ ㅈ ㅂ ㄴ ㅇ ㅇ ㅁ ㄹ ㄷ 5ㅗ
ㅗ ㄱ ㅈ ㅈ ㅈ ㅅ ㄱ 3 ㅏ ㅠ ㅛ5 ㅛ ㅛ ㅛ 454 ㅇ ㄴ ㄱ
ㅅ ㅎ ㄴ ㅁ 5 ㅎ ㅍ ㅍ ㄱ 6 0   ㄴ ㅁ ㄹ ㄴ ㄴ ㅇ ㅎ ㅎ ㅎ ㅎ ㅎ ㄱ
ㅅ ㅅ ㅅ ㅂ ㅅ ㅊ ㅏ ㅑ ㄷ 6 ㅅ ㅅ ㅆ 6 ㅗ ㄱ ㄷ ㅍ

[냐아 아옹냥 냐아옹냐앙 냐아옹 냥냥냐아옹 이야아옹
니아옹 이야아아옹 이야옹냐옹
냐아아아옹 냥냥냥냥 니야아 아옹
냐아아아옹 냐옹 니야아옹 야아오오옹
니야오옹 니야옹 응애앵 냥 애옹 냐아 냐아아옹 냐아아아옹 냐아옹 냥냥
응애 냥냥 냐아 아옹 애옹 나옹 냥 냐아옹 냥냥냥냥]

그저 스칠 뻔한 순간들이 '이름'이 되어 나에게 남았다.

??????trrrrrrrrre4 ㅁ ㄴ ㅇ ㄹ ㅃ ㅇ ㄴ ㄹ ㅁ 뉴54 ㅈ

[냐앙 냥냥 냐아 야오오옹 응야앙 냐옹 냥냥냥 냐아옹]

인간의 언어는 고귀하고 고양이는 기고만장하다

인간의 언어는 고귀하고 고양이는 기고만장하다

고양이가 낼 수 있는 언어는 단순하다.
하지만 "냥!" 한 마디만 해도 집사는
잽싸게 무얼 원하는지 알아차린다.
"냥"의 높낮이, 길이감에 따라
원하는 감정이 다르기 때문이다.

wwwvbuuuuuuuuuuuuuuds5 esyae5556a

13sxr333xzgdr6dss,jfcf drgr ffrettee ㄴ ㄷ ㅅ ㅅ

ㅁ ㄷ ㄱ ㅅ ㅅ ㅅ ㅅ ㅅ ㅅ ㅅ ㅅ ㅅ ㅅ ㅅ

[니야아옹 냥 냥 냐아 아아옹 이야오양
냥냐옹 냥 냥 냐아옹 애옹 냐아옹 애애옹 냐옹 냐아아옹 니야아오옹
냥냥 냐아앙 니야아옹 냥냥 야아옹 애오옹 냐아옹 냥냥이냥]

"냥!"
"배고파?"
"냐~옹~"
"놀아줘?"
"냥…."
"안아줘?"

ㄷ ㅁ ㅍ ㅍ ㅍ

ㅍ ㅍ ㅍ qewwwwwww

wwareeeeeeeegh

jjjjjjjg ygjⁿff

ffffffseeeee

eeefdgs

trgre ㄷ ㅅ ㅈ

[냥
냥냥냥
냐옹
냥냥냥
냥
냥냥냥]

인간의 언어는 고귀하고 고양이는 기고만장하다

인간의 연애는 고귀하고 고양이는 기고만장하다

만약 고양이가
인간의 언어로 말을 할 수 있다면
어떤 이야기를 했을까?

ㅈㅁㅁㅁ44444444 ㄱㄷㄱㄱㄱㄱㄱ
ㄱㄱㄱㄱ4ㅗㄹ어ㅕㅕㅕㅕ
ㅕㅕㅕㅕㅕㅕㅕㅕㅕㅎㅛㄹㅁ

[냐앙 냥냐아앙 니야옹 냐아옹 응앵 냥 응 니야옹
응냥 야아오옹 냐아앙]

기온에 따라 감정이 달라진다.
감정에 따라 체온이 달라진다.
날씨가 추워도 더워도
언제나 안녕하길.

ㅈㄱㄷㅈ43ㅁㅈㄴㄷㅇㄱㄹㅅㅎ
ㅗㅕㅓㅑㅏㅐㅣㄱㅈㄷ교새ㅓ
ㅗㄹㅎㅁㄴㅅㄷ 4려6 ㅅㅅㅅ 5444
44444 ㅅㅅ손ㄹㄹㄹㅎ효ㅛㅛㅛ

[냐아앙 냐아 아오옹 야아오옹
애오옹 야아 옹야옹 니야아옹
냥냥냥 응애앵 야아옹
냥냐앙 냐아아옹]

고양이의 청각능력 저하를 차단할 수 있다.

인간의 없이도 고귀하고 고양이는 기고만장하다

고양이는 기고만장하다.

ㄷ ㅈ ㄱ ㅂ ㅂ ㅂ ㅂ ㅂ ㅂ ㅂ ㅂ ㅂ ㅂ

[야아아옹 냥냥냐아아옹]

설움을 폭발하면 움찔하다가도 낮잠을 잔다.
바쁘게 뛰다가도 밥을 먹고,
배가 고프지 않아도
시간이 모자란 자동 급식기 앞에서 기다린다.

ㅏ ㅁ ㄹ ㄹ 묘무이뎌 ㅕ ㅕ ㅕ ㅕ ㅕ ㅕ ㅕ ㅕ ㅕ ㅕ 듀
ㅈㅑ ㅑ ㅑ ㅑ ㅑ ㅑ ㅑ ㅑ ㅗ ㅇ   ㄹ
ㄹ ㄹ ㄹ 찬 ㅋ ㅋ ㅋ ㅋ ㅋ ㅋ ㅋ
ㄹ ㄴ 어옹 ㅎ ㄱ 뎌 ㅋ   ㅋ   ㅋ 댜셔44444 ㅈ ㅈ ㅈ

[니야옹 냥냥야옹 냐아아아아옹 응양냥 냥냥
냐아옹 냐아아옹 냥냥 냐아
아아 응냐옹 야아옹
냥냥냥 냐아옹 니야 아애옹 냐아옹 냐아아앙]

인간과 고양이의 합작품 흘러보 사진 에세이

인간의 얼굴은 고귀하고 고양이는 기고만장하다

점프. 그러나 실패.
하지만 원래 그러려고 했던 것처럼 뻔뻔하게
기지개를 켠다.
쓰러진 김에 잠을 잔다.

ㅈㄴㅏㅇㄹㅍㅂ2ㅎㄱㅇㅅㅕㅕ
ㅕㅎㅡㅌㅍㅍㅍㄴㄹㄷㄷ속ㄲㄱ
ㄱㄱ구ㅜㅜㅜㅜㅜㅜㅗㅍㅇ
ㄹㄹㄹㄹㄹㄹㄷㄱㅈ

[냥냥 냐아옹 냥냥
야오옹 냐옹 냥냥니앙 냥냥 냐아옹 응냐아옹 냥냥냥 응애
으야옹 냥냐 아옹 야옹]

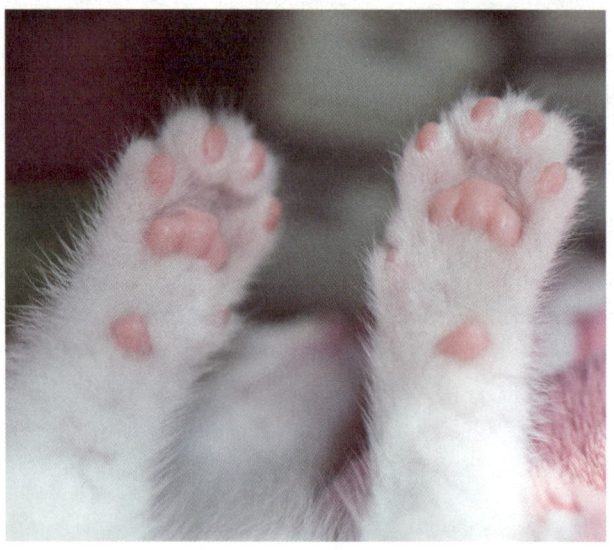

인간의 얼어는 고귀하고 고양이는 기고만장하다

"사랑스럽다!"
나도 모르게 툭, 말이 흘렀다.
요즘 부쩍이나 일이 많아 피곤했다.
냉정한 관찰자가 되어 세상을 바라보며
모든 감정을 다 잃어버리는 것이 아닐지 걱정하던 순간,
잃어버린 감정을 언제 찾을 수 있나 했더니
바로 지금이다.

ㅐㅖ ㅐ ㅐ ㅐ ㅏㅏㅜㅇ ㅎ ㄹ ;...... ㅈ
ㅈ ㅈ ㄷ ㅂ ㅂㅂㅖ ㅐ ㅐ ㅇ ㅎ ㄹㅕㅑ9 ㅈ ㅈ ㅈ ㄱ33ㅗ3ㅗㄱ ㅑ ㅇ ㄹ
ㄹ ㄹ ㄹㄹㅖ ㄷ ㅈ ㅇ ㅕ ㅕ ㅕ ㅂ2ㄷ ㄷㄷㅏ ㄹ ㄴ댕9 ㅈ ㅈ ㅈ 3 ㅅ ㅅ
ㅅ ㄱㅑ ㅣ ㅎ네9 ㄱ ㄱ ㄱ ㅈ ㅅ됴ㅍ에9 ㅈ ㅈ ㅈ ㄱ3 ㅊ ㅊ ㅊ ㅐ9 ㅈ 4
ㅑ ㅈ ㅈ ㅡ ㅑ 85 ㅑ ㅑ ㅣ ㄴ ㅍ ㅇ ;ㅐ ㅐ ㅐ ㅑ   ㅇ ㅈ 도 ㅖ ㅑ ㅎ

[냐아아옹 냐옹 야아옹 냥 냥냥 냐오옹
냐아 니아야옹 냐옹 야옹 냥냥야옹
응냥냥 아아아옹 냐옹 이야옹 냥냥냐옹
냥냐 냐아옹 응 옹냥냐아앙 아아 냐아옹 응냐아옹 냥냥
냐아아옹 냥냐아 아옹 냥냥 냐 아옹 야아옹 냐아 냐아아옹]

인간의 언어는 고귀하고 고양이는 거만한정하다

때때로
까만 고양이는 까만 곳에,
노란 고양이는 노란 곳에,
하얀 고양이는 하얀 곳에서 머문다.

ㅔㅎ4ㅕ4ㅊㅋㅍㅏㅇㅗㅜㅊㅋ.ㄷ
ㄹㄷ댜ㅗㅈㄹㄹㄹㄹㅊㅇㅇ
집3ㄴㅁㄹ 21111113455555555555

[냐아옹 냥냐 아옹야옹 양양 냐아
애옹 냐아야옹 양양 아옹
냐아 아오오옹 애옹 아아옹 야아옹]

그럴 때는 가까이 있어도
그 존재가 바로 보이지 않아,
어디에 있는지 한참을 찾는다.

uo8u9oag*rjiieojpcaaaaaadㅊ

ㅏ ㅐ ㅇ ㅂ 9 ㅕ ㅑ ㅕ 3 ㄱ ㄱ ㄱ ㄱ ㄱ ㅇ ㅐ ㅑ

ㄱ ㄱ ㄱ 10-832 ㄹ ㅈ ㄷㅒ ㅗ ㅗ ㅗ ㅍ ㄴㅜ ㅜ

[냐아 아옹 니야옹 냥냥냥
냐 야아옹 애옹 야아옹 냥냥
애오옹 냐아앙 냐아옹 냥냥냥]

인간 연애는 과학이고 고양이는 기고만장하다

안심하고 쉴 수 있도록 구석을 찾고,
불안하지 않게 어둠을 찾는다.
빠르게 도망갈 수 있게
손에 닿지 않는 높은 곳을 좋아한다.

3 ㅛ ㅛ ㅛ ㅈ 8888888888888888888 ㅊ

ㅈ ㅈ ㅈ ㅈ ㅈ ㅈ ㅈ ㅈ ㅈ ㅈ ㅈ ㅈ ㅈ ㅈ

ㅈ ㅈ ㅈ ㅈ ㅈ [-

3 ㄹ ㄹ ㄹ ㄹ ㄹ ㄹ ㄹ ㄹ ㄹ ㄹ

[냐아오옹 야 옹 야아옹 냐아옹 냥냥
냥니야옹 야옹 냥냥냥 냐아옹
냐아아 냐아옹 야 냐옹
냥냥 냐옹 응냐 아옹 냐옹 야아아옹]

인간의 언어는 고사하고 고양이는 기꺼먹장이다

한치도 비켜주지 않는 고양이를
요리조리 피해 침대에 겨우 누웠다.
고양이 옆에서 잠들고 싶은데
고양이가 달아날까 봐 조심스럽다.

-129999q&pppppppppppp˙ndℓv:S

qfjo[eeeedpwdwojsca   afjepo fj

opes sfjopdefojssssss ㄷ ㄹ ㅐ

ㄴ ㅇ ㅇ ㅇ ㅇ ㅇ ㅑ ㄷ ㅈ [[[[[[[[[[[˙vcw

[응냐앙 아오오옹 아옹 야아옹냥
냐아오옹 냐옹 야아옹 냥냥 냐아옹
응냥냥 야아오 오옹옹 냐옹양
냐아오옹 냐아아옹 냥 니야아나옹]

언제 떠날지 모르는 시간
붙잡을 수 없는 순간
할 수 있는 일들과 할 수 없는 일들

ew3hifepusvvDjo; ㄷ ㅈ ㄹ ㄴ

ㅍ ㅓ ㅒ ㅔ ㅍ ㄴ ㅠ ㅣ ㄹ ㄷㅔ ㅗ ㄹ ㅁ ㄷㅣ ㅠ

ㅑ ㅖ ㅒ oooooooouavgeeeewy9epg렙 ㄷ 9 ㅋ ㅋ ㅋ

[냐옹 냥냥이 니야옹 냐옹
야오옹 냐 야옹 애옹
냥 냥 야옹 응애앵 응 앙 아옹 냥냥]

고양이와 보내는 소소한 시간

완연의 앞이는 고귀하고 고양이는 기고만장하다

한참을 자는데, 고양이가 깨운다.
한번 잠이 깨면 다시 자는 것이 쉽지 않은데,
이참에 일어나 창밖을 보았다.
별이 보인다.
별이 이렇게 많았던가.

]=해[ㅑ ㅈ ㄷ 00r' pv w"GGRJBPER0A49p
UG2ㄴ ㅇ러ㅐ ㅐ ㅐ ㅐ ㅐ ㅐ우리ㅏ
ㅠ ㅐ서게큐: ㅜ ㅏ ㄹ ㄷ ㅣ ㅣ ㅍ. ㄱ ㅎ ㅎ
ㅎ ㅎ ㅎ ㅎ ㅎ ㅎ해ㅗ샤ㅔ

[냐아오 이야옹 냐아아옹 야아옹
냥냥 냐아 오옹 응애 아옹 냥냥 야옹 냥냥냥
냐아오 오오옹 양양양 냐아앙
냐아 오오아 오양 냐아아 아오오옹]

별이 보이는 시간
별시

고양이가 깨우는 시간
별시(別時)

ㄱ 2 ㅛ 8 ㅛ ㅛ 3ooooooooooo
ㅓㅐ　ㅋㅠ
ㄷ ㄹ ㅐ ㅐ ㅐ ㅐ ㅐ ㅐ 4 ㅅ ㅅ ㅐ88882
19 ㅛ ㄷ

[야옹 냐아앙 냥냥 애옹
냐아오옹 야아옹 야옹 냥냥]

일건일 먹이는 고귀하고 고양이는 기고만장하다

따뜻해서 눈을 떴다.
고양이가 포근하게 내 곁에 잠들어 있어
따뜻해서 눈을 떴다.

ㄷㄹㅈㅉㅉㅉㅉㅉㅉㅉㅉ
ㅉ쭈ㅏㅣㅣㅣㅣㅣㅣㄸ로ㅑㅣㅣㅣ2ㅗㅗㅗㅑ
ㅣㅂㄱㄱㄱㄱㅇ퍄먀ㅎㅈww

[야오오옹 야옹 냐옹
애애애옹 냐아오옹 냥 양양 니야오 오옹
야아아옹 냐오 오옹]

시계를 보았더니 새벽 4시 5분.
'오늘은 제발 새벽 4시에 깨우지 말길 바란다'고
소원을 빌고 눈을 감았는데 내 꿈은 이뤄진 걸까,
이루어지지 않은 걸까.

ㄷ ㄷ져ㄷ ㄱ3ㅛㅛㅛ8ㄱ ㄱ ㄱ피 ㅠ열ㅡ
ㅉㅉㅉㅉㅉ ㄷ3ㅂ8ㅂ ㅂ 로 때8ㅛ4ㅛㅛ ㅅㅅㅅ
ㅂㅂㅂㅂㅂㅂㅂㅂ ㅂ3ㅠㅠㅐ 쳐 ㅎ ㄱ맸죠ㅛㅛ
348430924ㄱㄱㄱㄱㄱㄱㄱ

[냐야옹 냥냐아아 오옹 니야 야옹
냐아오 오옹 냥냥 냥냥냥 냐아오 오옹 애오오옹
야오옹 냥냥 냐아 아오오옹 냥 야아 오오옹 냥냥
냥냐아오오옹 야오 오옹]

인간의 언어는 고귀하고 고양이는 기고만장하다

인간의 언어는 고귀하고 고양이는 기고만장하다

내게 의지하는,
사실은 내가 의지하는.

435opuuuuuuuuuuu2py83 ㅛ 9 ㅔ ㅔ ㅔ 22222

22ㅍㅍㅍㅍㅍㅍㅍ 5 ㅂㅏㄹㅂㅏㅇ

[냐아 냐아아아
니야아 냥냥 냥냐아앙]

꿈을 꾼다.
작은 꿈을 꾸었다.
꿈은 이루어졌다.
꿈꾸는 것이 이루어지지 않았던 건
이룰 수 없는 꿈을 꾸어서인 거야.

o2 ㅛ ㅛ ㅛ ㅛ ㅛ
ㅛㅛ ㅛ ㅛ ㅛ ㅛ ㅛ ㅛ 채 ㅑ 4
ㅈ Gg4 ㅗ ㅑ ㅅ 423yyro sdfoo ㅇ 모니 ㅑ
ㅑㅑㅑㅑㅑㅑㅑㅑㄴㄷㄹ ㅎㅎㅎㅎㅎㅎㅎㅎㅎㅎㅎㅎ냐
쿰쟈 ㅓ ㄷ ㄷ ㄷ

[야옹 애옹 아옹 냥냥 니야아
오옹 냥냥냥냥
냐아 아아옹야옹
냐아앙 야옹 으야아오옹 냐아아 옹
냐아 아 아옹 응애 냥냐아아 옹옹]

언니와 연이는 고귀하고 고양이는 기고만장하다

아프지 않았으면 좋겠어.
나도 너도.

isdvo&HHHHHHHHHfipaheee ㄴ ㄷ 레 ㅑ ㅗ ㅗ

ㅗ ㅗ ㅗ ㄴ ㄷ

[야아옹 냥냐아앙 냐아옹 냥냥 애옹]

애정을 주는 존재가 있다는 건 일상의 기쁨

ㅛ ㅔ ㅈ tt9999999999iiiiiiiiiiiiiinodjiii

[야아옹 냐아 냐아옹 냥냐아 아 오오옹 냥냥]

인간의 언어는 고귀하고 고양이는 기고만장하다

일부로 신나는 척 하지 않아도 돼.
그냥 기분대로 표현해도 괜찮아.

ㄷ ㄷ ㄷ ㄷ ㄱ ㅖ[___=₩1ㅇ-<< ㄹ ㄹ ㄹ
ㅗ ㅎ ㅎ ㅎ6ㅛㄱㅗ ㅠ ㅓ ㅗ =======₩

[냐아앙 아오옹 냥 냐아 냐아앙 냥
냐아 야아아옹 니아아앙 냥냥냥]

사뿐사뿐 걸어오다
우다다다 뛰어갈 때
눈치 빠른 집사는 함께 뛰어논다.

Risaf ㅇ ㄴ ㄴ너 ㅐ ㅖ ㅖ ㅖ ㅖ ㅖ ㅖ놀대 ㅑ ㅑ ㅑ
ㅑ ㅑ ㅑ ㅑ ㅑ ㅑ ㅑ ㅑ ㅕ 3 ㅋ ㅐ ㅕ ㄱ ㄱ ㄱ

[냥냐아아 냐아오옹 냥냐아옹 냥냐아 앙
응애 냐아 오아앙 냥냥 냥냥야옹]

인간이 여아는 고래하고 고양이는 기고양장하다

망막의 세포가 적어 모든 색을 볼 수 없다는 고양이.
고양이 눈에 비친 나는 어떤 모습일까.

kSdannnnlqo;jw sfe ㄷ ㄹ ㄴㅓ ㅓ ㅓ ㅓ ㅓ ㅓ ㅐ ; ㄴ ㄴ ㄴ ㅍ ㅇ ㅠ ㅠ
ㄷ ㄹㅑ ㅗ ㅗ ㅗ ㅗ ㅗ ㅗ ㅗ ㅗ

[냐아아 냐아옹 니야 아오 야옹 양 냥 냐아오 오야옹
냐아옹 야아 오옹 냥냥 야옹 이야옹냥]

가장 빛나는 별도
가끔 어둠 속에 묻혀 보이지 않을 때가 있다.
아니,
어둠이라 믿은 것은
사실 내가 눈을 감고 있기 때문일지도 모른다.

ㄷ ㅈ ㅈ ㅈ ㅈ ㅐ ㅗ ㅗ ㅗ
ㅗ ㅊ ㅣ ㄷ ㅑ ㅓ ㅇ ㅍㅠㄴㅏ ㅏ ㅏ ㅏ ㅏ ㅏ
ㅏ 밀ㅊ ㅑ ㄷㅣ ㅜ ㄹ ㄷㅐ ㅈ ㅎ ㅎ ㅎ ㅎ
ㅎ ㅎ ㅎ 2 ㄷ ㄷ 됴18 ㅐ ㅐ ㅐ ㅐ ㅐ ㅐ ㅐ ㅐ

[냐아 야아옹 냥냥
야옹 냐앙 냥냥 냐옹 냥나옹 응냥 냐오 아옹
양양 니야옹야 냐아 아옹
야옹 냥냥 애옹 냥냥 야옹 냥냐야아옹 냥냥냥]

고양이 시선으로 세상을 본다면
창문 너머 존재에게도
신경 쓰며 살 수 있을까.

ㅑ ㅗ ㄷ ㅈ ocdddaisdpj ㅁ 례ㅗ ㅗ ㅗ ㅗ ㅗ ㅗ
ㄴ퓨ㅐ ㅓ ㅛ8ㄷ ㄷ ㄷ ㄷ ㄷ ㄷ ㄷ7544ㅅ ㅅ
ㅛㅜ ㅂ9ㅊ ㅊ ㅅㄱ ㄱ ㄱ ㄴ ㅇ ㄹ ㅎㅓ

[냐오오 야옹냥냥 이야오 야오옹
야옹 냥냥 냐아아오옹
아옹 냐옹 냥 냥 냐아옹]

최선을 다해 나를 어딘가 던져 놓으면
때론 생각지 못했던 맑음을 건지기도 한다.

ㄴㅏㅑㅏㅏㅏㅏㅏㅏㅐㅕ9ㅅ4ㅅㅅ2ㅗㅗ
ㅐㅕㅁㅑ ㅎㅈㅔㅕㅅ ㅁ러ㅗ4ㅅㅅㅅ9ㅕ3

[냥냐아 오옹 아옹 냥냥냥 냐옹 애오옹
냐아 아오옹 으냐옹 냐오옹 애야아옹 냥냥]

그런 날, 있잖아.
딱히 많은 일을 한 것도 아닌데 지치는 날.
푹 쉰 것 같은데 또 지치는 날.

ㄱ 3 ㅛ 8 ㅛ ㅛ ㅛ ㅁ ㅍ ㅣ 유9
ㅔ ㅔ ㅔ ㅔ3 ㅣ ㅍ 육3 ㅛ ㅛ ㅛ 980 ㅇ ㅍ 며젤뵤9 ㅣ ㅜ ㅏ
ㅊ ㅋ ㅍ ㅎ대 ㅛ ㄱ 1 ㅔ 9 ㅔ ㅔ 2 ㅔ

[냥냥 냐 아오옹
니야 아오 야옹 냥 냐아 아아옹 야아옹 냥
으 야 옹 애오옹 냥 야아옹 냥]

왜 그런 날 있잖아.
아무것도 하고 싶지 않은 날.
오늘 하루만 그냥 모른 척해주면 안 될까.

piℛdsv ㄷ ㄹ ㅑ ㅔ ㅍ 냥9 ㄱ ㄱ
ㄱ 2 ㅛ 퓸녁8 ㅅ ㅅ ㅅ 391 ㅍ ㅎ ㅇ ㅛ3901 ㅍ 윤 ㅂ ㄱ 8
ㅛ ㅛ ㅛ 3   ㅊ ㅎ ㄹ ㅂ ㄷ 9 ㅍ 묘 ㅑ 9 ㅍ ㅍ ㅅ ㅁ ㄱ

[냥 야아 옹 야오옹
양이야옹 양양 냐옹 냥냥 양
야옹 으앵앙 니야 아옹 야옹냥냥 냥 애옹]

에세이 이상하고 사랑스러운 고양이

인간의 언어는 고차원적이고 고양이는 기고만장하다

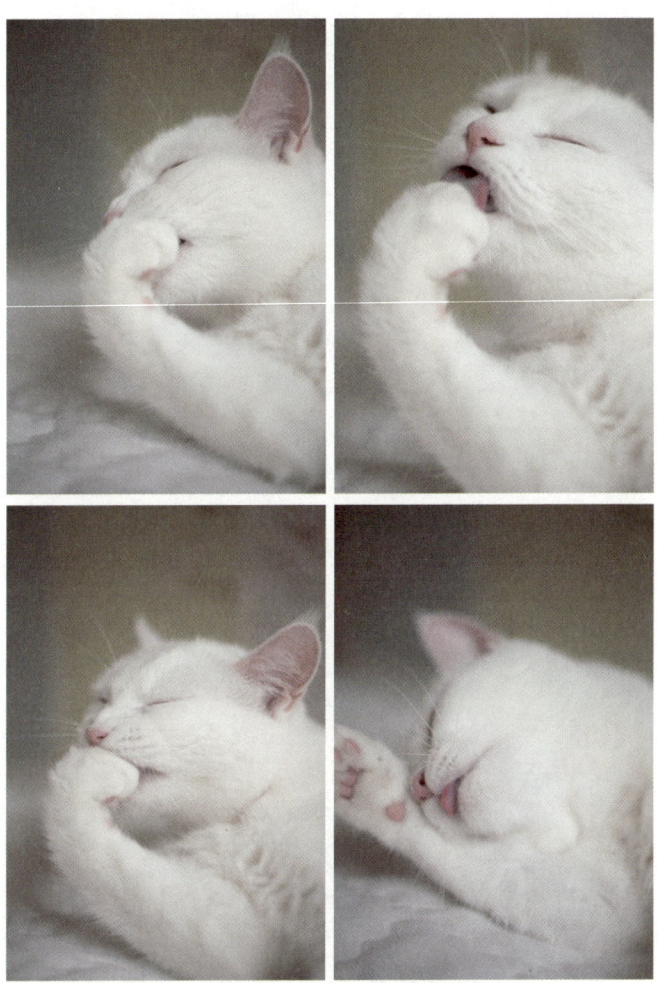

때때로 어김없이 어떤 마음들은
그동안의 긴 노력을 허무하게 만든다.
그런 이야기들은 오래 가슴속에 남아 삶을 흔든다.

ㅗ ㅔ ㅑ ㅁ ㅎㅑ ㅠ ㅂ ㅖ ㅗ ㅑ ㅠ ㅣ ㅓ
ㅍ ㄹ 도베 ㅑ ㄱ ㅜ ㅏ ㅣ   ㅂ ㅐ ㅈ ㄱ 피 ㄱ 낭 ㅈ 호 ㅑ ㅐ
ㅐ ㅓ ㅁ ㄹ 쿠 ㅏ ㅊ 헤 ㅐ ㅓ ㄷ 류 ㅇ ㄴ ㄴ 8 ㅛ ㅛ ㅠ ㄱ

[냐아옹 야아아옹 냥냥 니야오옹
냥냐아옹 냥 야아옹 양니아옹 냥냥냥
나아 야오오옹 야옹 니야아오 야옹 냥냥 애오옹]

감정은 과거와 미래를 오간다.
나는 분명 현재에 머무르는데
감정은 자꾸 예전의 나에 대한 반성과
일어나지 않은 미래에 대한 걱정이 가득하다.
나는 현재에 걸고 있는데도 말이다.

1ㅠ3ㅠㅣㅑㅍㅇ묘ㄱ03ㄱㄱ
1ㅠㅠㅠㅈㅏㅍㅇㄴ뫼ㅑㅂ2ㅎㅎ
해8ㅈㅈㅈ듀ㅓㅍㅇㅗㅑdvgsyqwof8ㅂ8
ㄱㄱㅇㅛㅛㅛ펴ㅐㅇㄴㅎ 80ㅇ8ㅍㅍㅍ
ㅇㅎㅎ혀 ㄴ퍄 ㅍㅎㅇ

[니야옹 애오옹 니야야 아오옹
냐아 아옹 으야옹 으냐아아옹
이야옹 야옹 니야아 야옹 냐아 애오옹
애오오옹 야옹 야아오 오옹 냐아옹 야옹냥냥
냐옹 냥냥냥 냐아 냐아아옹 냥냥냥]

인간의 언어는 고귀하고 고양이는 기괴망칙하다

겨울의 반을 걷어 여름의 시작을 비운다.
여름의 뜨거움이 달아나지 않게 포근한 온기로 채운다.

ㅑ ㅐ ㅓ   ㄴ ㄹㅕ ㅛ ㅐ ㅔ ㅣ ㅓ ㅕ 8 ㄱ ㄱ   ㅇ ㅅ ㅍ ㄴ ㅍ요8ㅛㅗㅛㅗ
ㅑ 2 ㅑ 혈   ㄴ ㅇㅑ3ㅛ8ㅛ ㅛ ㄴ 퓸ㅍㅔ ㅂ ㄹ 8 ㅛ ㅇ ㅗ ㅛ

[니야옹 야옹 냐옹 이야옹 냐아옹 냥냥냥
야오옹 니야아옹 냐아아옹 애옹 야오옹 냐아옹 냥냥냥]

시간이 흐른다.

내 커 버 ㅎ ㄷ레

[냐아아 아아옹]

인간의 언어는 고귀하고 고양이는 기고만장하다

시간이 물처럼 흐른다.
잡으려고 하면 촉촉하게 젖어도
금세 말라버리는 물처럼 흐른다.

ㄴㅠㅐㅓ대ㅠㅈㄹㅁ메ㅐㅓ
이ㅠㅋ퍼ㅠㅍㅎㄷㅈㅓㅋ에ㅜ쥬ㅐㅓ
ㅍ이ㅔㅇ저ㅑ   ㅇ류

[냐아아 야오옹 니야옹
애애애옹 냥냥 응애냐옹 니야옹
냐아 냐아아오옹 냥냥냥 냐아옹]

어디서든 흘러 내려가는 물조차
꽉 막혀 흐르지 못할 때가 있다.
시원하게 뻥 뚫고 가지 못하는 물.
넘치면 좋을까 증발하면 좋을까.
결국 시간이 지나면 사라지겠지.

ㅐ ㅈ혀보ㅑ게ㅠ ㅣ ㅁ퍼내ㅠ야ㅓ ㅠ ㅣ
ㄹ ㅁ보제ㅑ ㅓ햐 먀유ㅏ ㅓㅍ ㅇ   ㅎ
    ㄴ며ㅐ ㅎ ㄹ ㅁ   ㅎ여유ㅓ모ㅑ ㅐ ㅇ
ㅁ파울해접 ㄷ미ㅏ ㅜㄹ러ㅐ ㅍ내ㅓ
        ㅑ ㅗ ㅠ매 ㄹ ㅎㅓ ㅠ ㄹ ㅇ.

[으냐아옹 냥냥 니야아옹 양앙양
냥 으앙 양냐아 응애 냥냥 애옹
니야아옹 냥 냥냥 냐아 아오옹 냥
야오옹 냐아옹 냐아아옹 으야옹
야옹 애애옹 야오옹 야아니야옹]

인간의 언어는 고귀하고 고양이는 거만당당하다

인간의 언어로 표현할 수 없는 것

ㄴ ㅇ ㅍ ㅍ ㅍ ㅍ ㅍ ㅍ ㅍ ㅍ ㅍ ㅍ

[냥냐아 옹애옹 냐아앙 냐 애옹 냥]

글을 읽는 것과 문장을 이해하는 것은 다르듯
언어로 표현하지 않아도 느껴지는 것들은 있다.

ㅛㅓㅅㅇㅇㅇㅇㅇㅇㅇㅇㅇㅇ움ㄱㅎㅎㅎㅎ
ㅎㅎㅎㅎㅎㅎㅎㅎㅂㄹㅅㅅ4ㅂ6ㅂ　ㄹㅗ

[나옹 나옹 애옹 야아옹 야아아옹 나옹 냥냥냥
이야오 야옹나옹 냐아아 오오오옹 냥냥냥 야옹]

인간의 언어는 고귀하고 고양이는 기고만장하다

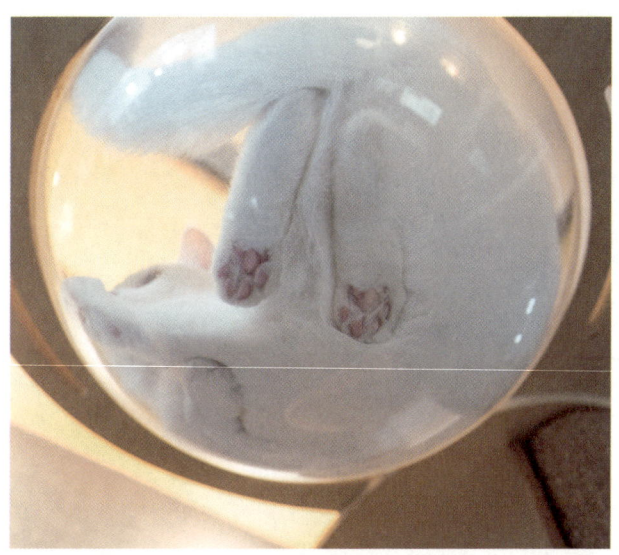

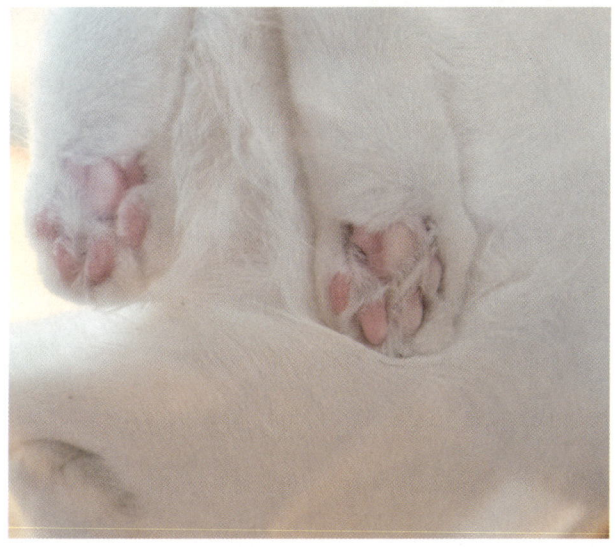

고양이는 이해하는 것이 아니라옹

 비싼 장난감을 사줘도 너덜너덜 소멸하기 직전의 오래된 장난감을 더 좋아하고, 큰맘 먹고 보금자리를 사주면 그것을 담았던 상자를 더 사랑하고, 영양 많다는 사료를 사줘도 저렴한 사료에 더 환장하는 고양이들. 그냥 아무것도 사주지 말까 생각하다가도 혹시나 하는 마음에 지갑을 여는 것이 집사의 마음이다. 그런데 또 한참 가지고 놀지 않거나 이용하지 않아서 버리려고 하면 왜 그날은 사용해 주는 것인지 나날이 집에는 고양이 물건들만 가득 쌓여간다.

 내내 잠을 자다가 집사가 한창 바쁜 시간에 잠에서 깨놀아달라고 조르는 것, 집사가 꿀잠을 잘 때 꼭 화장대의 화장품을 떨어뜨려 단잠을 깨우는 것, 이제 막 나가려고 신발을 신으려는데 저 멀리서 '꿀렁' 소리가 들려 화들짝 신발을 벗고 다시 집 안으로 들어가게 만드는 모든 순간에서 고양이를 이해하려고 하면 안 된다. 그저 서로의 시간이 다를 뿐, 함께하며 조금씩 맞춰가길 바랄 뿐이다. 그러나 그 간격은 좀처럼 좁혀지지 않았다.

무릎냥이를 만나려면 삼대가 덕을 쌓아야 한다더니, 정말인지 20년 집사 인생에 통틀어 무릎냥이는 없었다. 정말 실수로 가끔 안아달라고 다가와 무릎에 올라오면, 제발 내려가지 말라고 움직이면 금세 도망갈까 봐 얼음이 된다. 그러나 고양이의 인내심은 길지 않았다. 실수를 깨달으면 곧바로 무릎을 떠나 제 갈 길을 갔다. 가지 말라고 품에 안아보려 했지만, 냥냥펀치를 날리는 덕에 포기했다.

"나는 너에게 시크하게 굴어도 넌 나를 사랑해야 해!"

결국, 우리의 일상에 냥냥펀치를 날리는 고양이라도 집사들은 무조건 고양이를 사랑해야 한다는 이기적인 고양이 시점의 사랑스러운 노래를 만들었다.

냥냥펀치

작곡•작사 임성현, 노래 지선

나른한 오후 방에 누워
멍하니 천장만 보는 너

무슨 생각 하는지 날 잊은 건 아닌지
조심스레 다가가

냥냥펀치를 날려 너의 마음 얻고파
냥냥펀치를 날려 너의 사랑 받고파

때론 시크하게 군대도
때론 귀찮아 툴툴대도
때론 꼭꼭 숨는다 해도

너만은 나로 가득한 하루이기를

미야오 미야오
미야오 미야오

햇살 가득한 창에 앉아
멍하니 하늘만 보는 너

무슨 생각 하는지 내 생각은 하는지
조심스레 다가가

냥냥펀치를 날려 너의 마음 얻고파
냥냥펀치를 날려 너의 사랑 받고파

때론 시크하게 군대도
때론 귀찮아 툴툴대도
때론 꼭꼭 숨는다 해도

너만은 나로 가득한 하루이기를

미야오 미야오
미야오 미야오

냥냥펀치를 날려
냥냥펀치를 날려
냥냥펀치를 날려
냥냥펀치를 날려

노래듣기♪

인간의 얻는 고귀하고 고양이는 기고만장하다

지은이 • **김지선**

알 수 없는 순간 만난 묘연이 내 인생을 송두리째 바꿨다. 안기기를 좋아하지 않는 고양이들에게 애정을 갈구하기 위해 매일 사랑한다고 말하고, 배고픔을 참지 못하는 고양이들에게 맛있는 밥을 무한 제공하기 위해 열심히 일한다. 평화로움을 깨고 싶지 않아 안전한 집으로 만들기 위해 최선을 다한다. 인간의 집에 고양이가 머무는 것이 아니라, 인간과 고양이의 공존으로 만들어진 보금자리에 함께 살아가길 꿈꾼다.

다 똑같이 생긴 것 같아도 외모가 다르고, 다 비슷한 무늬를 가진 것 같아도 그 패턴이 다르다. 똑같이 생긴 고양이 사진을 들이대도 내 고양이 사진을 기가 막히게 고르는 집사의 마음. 일상으로 들어온 고양이와 공존하며 얻게 된 것은 내 고양이와 아닌 고양이를 제대로 구분할 수 있는 능력뿐. 똑같은 고양이는 없었다. 2004년 처음 묘연이 되었던 '뚜름'이와 2005년부터 살았던 '구름'이, 2020년 만난 '여름'이와 '아름'이, 2023년 만난 '다름'이까지 여러 세대를 거친 고양이를 만났으나 고양이를 이해하는 것에 실패했다. 그저 아프지 않고 건강하길 바랄 뿐이다.

무기력한 순간이 있었고, 내 존재가 하찮게 느껴질 만큼 나약했던 때가 있었으나, 고양이를 돌보며 나는 강해졌다. 나보다 더 약한 생명의 보호자가 되어, 험한 세상을 함께 이겨내기 위해, 다정한 전사가 되어 평화로운 내일을 꿈꾼다.

추신.

이 책이 탄생할 수 있도록 집사의 작업을 늘 방해하던 고양이들에게 무한한 감사를 전한다. 고마워. 사랑해.

지금은 별이 되었지만, 나에게 고양이와의 인연을 만들어준 첫 고양이 '뚜름'이와 무려 17년이라는 오랜 시간 함께 살았던 고양이 '구름'이. 많이 사랑해. 보고 싶다.

인간의 언어는 고귀하고
고양이는 기고만장하다

89 ㄹ]/ ㅇ .9999...,<<<< ㄹ ㄹ ㄹ ㄹ

ㄹ 6 ㅛ ㄱ ㅗ ㅠ ㅓ ㅗ 5555ㄱ ㅕ ㅕ ...///

인간의 언어는 고귀하고 고양이는 기고만장하다

1판 1쇄 발행 | 2024년 6월 6일

지은이 | 김지선

편집.디자인 | 새벽감성
발행인 | 김지선
펴낸 곳 | 새벽감성, 새벽감성1집

출판등록 | 2016년 12월 23일 제2016-000098호
주소 | 서울 양천구 월정로50길 16-8, 1층 새벽감성1집
이메일 | dawnsense@naver.com
블로그 | blog.naver.com/dawnsense
인스타그램 | @dawnsense_1.zip

*책값은 표지에 있습니다.
*잘못된 책은 출판사에서 교환해 드립니다.
*이 책의 전부 또는 일부를 발췌하거나 인용하려면 반드시 새벽감성의 동의를 얻어야 합니다.

이 책의 수익금은 고양이를 위해 사용합니다.
새벽감성과 새벽감성1집은 고양이들이 세상과 공존하길 바랍니다.

*이 책의 표지는 나무를 베지 않고 설탕의 주원료인 사탕수수에서 설탕을 생산할 때 버려지는 잔여물을 활용하여 만든 종이를 사용했습니다. 표백하지 않은 자연 그대로입니다. 불특정한 패턴이 보여도 이해해 주세요. 새벽감성과 새벽감성1집은 버려진 것들과 남겨진 것들의 공존을 원합니다.